MON PREMIER

GRAND ALPHABET

PAR

A. DES TILLEULS

1339-07. — CORBEIL. IMPRIMERIE ÉD. CRÉTÉ

MON PREMIER
GRAND ALPHABET

PAR

A. DES TILLEULS

ILLUSTRÉ DE HUIT MAGNIFIQUES CHROMOS

Et de vignettes dans le texte

PARIS
PAUL BERNARDIN, LIBRAIRE-ÉDITEUR
53, QUAI DES GRANDS-AUGUSTINS, 53

LETTRES MAJUSCULES

A B C D E

F G H I J

K L M N O

P Q R S T

U V X Y Z

LETTRES MINUSCULES

a b c d e f
g h i j k l
m n o p q r
s t u v x y z

CHIFFRES

1 2 3 4 5 6 7 8 9 0

ANGLAISE

A B C D E F

G H I K L M

N O P Q R S

T U V X Y Z

a b c d e f g h i j k l m

n o p q r s t u v x y z

RONDE

A B C D E F
G H I K L M
N O P Q R S
T U V X Y Z

a b c d e f g h i j k l m
n o p q r s t u v x y z

SYLLABAIRE

ba be bi bo bu   vu vo vi ve va
ca ce ci co cu   tu to ti te ta
da de di do du   ru ro ri re ra
fa fe fi fo fu   pu po pi pe pa
ga ge gi go gu   nu no ni ne na
ja je ji jo ju   mo mi me ma
la le li lo lu   lu lo li le la
ma me mi mo   ju jo ji je ja
na ne ni no nu   gu go gi ge ga
pa pe pi po pu   fu fo fi fe fa
ra re ri ro ru   du do di de da
ta te ti to tu   cu co ci ce ca
va ve vi vo vu   bu bo bi be ba

SUITE DU SYLLABAIRE

bla ble bli blo blu   bra bre bri bro bru
cla cle cli clo clu   cra cre cri cro cru
dla dle dli dlo dlu   dra dre dri dro dru
fla fle fli flo flu   fra fre fri fro fru
gla gle gli glo glu   gra gre gri gro gru
pla ple pli plo plu   pra pre pri pro pru
sla sle sli slo slu   sra sre sri sro sru
tla tle tli tlo tlu   tra tre tri tro tru
vla vle vli vlo vlu   vra vre vri vro vru
zla zle zli zlo zlu   zra zre zri zro zru

EXERCICES DIVERS

bar car dar far gar har jar lar mar
ber cer der fer ger her jer ler mer
bir cir dir fir gir hir jir lir mir
bor cor dor for gor hor jor lor mor
bur cur dur fur gur hur jur lur mur

eu ou an in im on un eur our oir ouf
cha che chi chu chen chou chan chon
gna gne gni gno gnu gneu gnan gnon
ail œil ouil em œu om oif

MOTS D'UNE SYLLABE
SONS PLEINS

lac	Jean	ciel	or	Paul	fard	Juin
soir	mer	lin	sel	soif	brun	noir
mur	foin	mil	bol	pain	doigt	bleu
jonc	riz	blé	roc	gros	peur	fruit
neuf	huit	cent	dix	houx	blanc	gond

FINALES MUETTES

rue	Brie	taie	suie	roue	oie	bleue

MOTS DE DEUX SYLLABES
SONS PLEINS

ru bis	dî ner	ser pent	pou let	cha peau
ga lon	ha bit	din don	cris tal	mou choir
sa bot	lé zard	ma man	jar din	che vreuil
hô tel	sol dat	sou lier	dé cor	tam bour

FINALES MUETTES

pâ tre	ger be	tê te	ar bre	bou che
crè me	beur re	ra de	jau ne	fran ge
ri che	pau vre	tô le	chat te	mai gre
mi ne	brai se	voi le	har pe	bran che

MOTS DE TROIS SYLLABES

SONS PLEINS

ar se nal	sa pa jou	i ro quois	é lé phant
ba li veau	im mor tel	vi a duc	mir li ton
é chau dé	ca sa quin	bis cor nu	ar ro soir
ca va lier	pa ra sol	ar ti chaut	pis to let

FINALES MUETTES

ma la de	fau vet te	é tu de	mé san ge
ti mi de	scan da le	é ra ble	gon do le
va li se	pa res se	en tail le	mé na ge
é tril le	scru pu le	ja lou se	sou ta che

MOTS DE QUATRE SYLLABES

SONS PLEINS

hor ti cul teur	al li ga tor	su per fi ciel
to pi nam bour	an ti qui té	re pré sen tant
Ma da gas car	rhi no cé ros	Pon di ché ry
do mi ni cain	ac cor dé on	Gua dal qui vir

FINALES MUETTES

al lu met te	es pin go le	vul né rai re
so li tu de	é cu moi re	fran gi pa ne
re din go te	li mo na de	cré pus cu le
vil la geoi se	mé ca ni que	es pé ran ce

VOYELLES

a e i o u y

ACCENTS

/   \   ^   ..

accent aigu   accent grave   accent circonflexe   tréma

VOYELLES ACCENTUÉES

à â   é è ê ë   î ï   ô   ù ü

APPLICATION DES ACCENTS

ACCENT AIGU

é té   ca fé   qua li té   or ga ni sé   par ti cu la ri té

ACCENT GRAVE

pro cès   chè vre   mi sè re   col lè gue   bi bli o thè que

ACCENT CIRCONFLEXE

â me   flû te   bé lî tre   su prê me   Pen te cô te

TRÉMA

No ël   Sa ül   na ïf   bi sai guë   A bi ga ïl

CHIFFRES ROMAINS

I	II	III	IV	V	VI	VII	VIII	IX	X
1	2	3	4	5	6	7	8	9	10

PETITES PHRASES
COMPOSÉES DE MOTS D'UNE SYLLABE

Si tu as chaud, ne bois point d'eau.
Quand le loup a faim, il sort du bois.
Il y a des chats qui ont peur des rats.
Le son du cor est doux quand il vient de loin.
Le vent du nord est plus froid que le vent du sud.
Le grain de riz est bien moins gros que le grain de blé.

PETITES PHRASES
COMPOSÉES D'UNE ET DE DEUX SYLLABES

Un bon sol dat ne se plaint ja mais.
Pe tit à pe tit, l'oi seau fait son nid.
A près le tra vail, le plai sir est plus doux.
Les en fants qui ont bon cœur sont tou jours ai més.
La Fran ce est le plus char mant pays du mon de.
La Fran ce est no tre pa trie, nous sau rons la ven ger.

PETITES PHRASES
COMPOSÉES DE MOTS DE TOUTES SYLLABES

En fants, ai mez Dieu et Dieu vous ai me ra.
L'O bé lis que de la pla ce de la Con cor de est un
   des mo nu ments re mar qua bles de l'an ti qui té.
L'Ex po si tion u ni ver sel le de mil huit cent qua tre-vingt-
   neuf é tait d'u ne ma gni fi cen ce ex tra or di nai re.
Les lo co mo ti ves sont des mé ca ni ques fort com pli-
   quées.

LE CANARD

Coin! Coin! Coin! Entendez-vous ce bruit qui paraît sortir d'une clarinette fêlée? Coin? Coin?

Savez-vous qui chante ainsi? C'est monsieur Cancan, le plus bavard des habitants de la basse-cour.

Le voilà qui s'approche en se dandinant. Regardez comme il est bien mis : ne dirait-on pas un gros propriétaire? Il semble porter une calotte de velours noir sur sa petite tête, qui ne doit pas renfermer beaucoup de cervelle. Les plumes brillantes qui couvrent son dos font l'effet d'un pardessus de soie nuancé de couleurs vertes et brunes. Vers le bout de ses ailes s'élève une légère touffe de plumes courtes et frisées qui ne manque pas d'agrément.

Il a l'air très satisfait de lui-même et se rengorge ainsi qu'un personnage qui a le sentiment de son importance.

Certes, M. Cancan n'est pas le premier venu, mais il aurait tort de se croire un bel oiseau. On lui reproche d'avoir les jambes trop courtes, le corps trop lourd et la démarche quelque peu gauche; mais on n'a rien à dire de son caractère qui est d'une égalité parfaite.

Jamais M. Cancan n'est de mauvaise humeur; jamais on ne l'a vu pleurer ni entendu se plaindre. Il se contente de ce qu'on veut bien lui donner et ne fait pas la grimace pour manger la soupe. Inutile de le sermonner pour le mettre au lit : il va se coucher de bonne heure et se lève avec le soleil.

Aussitôt éveillé, il va se débarbouiller dans le ruisseau ; ensuite, il se donne un coup de peigne et lisse ses plumes avec soin.

Que dirait-il s'il apprenait qu'il y a des enfants qui font la moue quand il s'agit de manger du potage, d'aller se coucher ou de se laver? Il rougirait de honte et, dans son indignation, s'en irait partout raconter l'aventure en faisant entendre de formidables Coin ! Coin !

LA VACHE

Ah ! la bonne bête ! qu'elle est utile et combien les enfants lui doivent de reconnaissance !

La voilà qui broute dans la prairie tandis que son cousin, le bœuf, traîne la charrue au loin.

Pourquoi faut-il que sa taille soit aussi volumineuse ? On n'ose pas s'en approcher, malgré l'envie qu'on a de la caresser.

A l'expression de ses yeux qui regardent avec tant de douceur, on voit qu'elle n'est pas méchante; mais les grandes cornes qui sont là, plantées sur sa tête, causent toujours une certaine frayeur.

Après tout, la vache a la peau si épaisse qu'elle ne sentirait pas les caresses. Elle n'est donc pas faite pour en recevoir. Il faut se contenter de la remercier à distance du bien qu'elle nous procure.

C'est elle qui nous donne ce lait délicieux qui sert de première nourriture aux petits enfants et dont les grandes personnes se régalent volontiers.

Avec ce lait, on fabrique cent espèces de fromages de goûts différents. Avec la crème du lait on fait du beurre et avec le beurre, une quantité d'excellentes choses : on peut le manger en tartines ; il sert à préparer les aliments ; et, lorsqu'il a été pétri avec de la farine, il fournit la pâte dont on façonne les tartes et les gâteaux.

Ce n'est pas tout encore.

Sans la vache et les autres membres de sa famille, nous serions forcés de marcher avec des sabots, puisque c'est avec la peau tannée du bœuf, de la vache ou du veau, son petit, que sont confectionnées nos chaussures.

Faut-il parler des côtelettes, des biftecks, des rosbifs et des ragoûts que nous procurent ces animaux ? Non, car vous n'ignorez pas que leur chair entre pour une large part dans notre alimentation.

En vérité, la vache et tous les individus appartenant à son espèce sont des bêtes fort estimables.

LE PAON

Si vous voulez voir le plus bel oiseau de la basse-cour, regardez son portrait figuré en face de cette page.

Il porte le nom de Paon.

C'est un étranger qui vient de très loin et qui s'est fort bien acclimaté dans nos pays.

Dans l'Inde, sa patrie, il vit à l'état sauvage et habite les forêts ; chez nous, il vit à l'état domestique et habite les parcs, dont il fait le plus bel ornement.

Il faut le voir lorsque, faisant la roue, il étale les grandes plumes de sa queue : rien n'est plus admirable. Chacune de ses longues plumes semble peinte avec les plus riches couleurs et se termine en filets dorés qui scintillent au soleil. Le reste de son plumage offre des nuances métalliques du plus brillant effet, et sur sa tête mignonne s'élève une aigrette formant diadème.

Si vous désirez lui voir étaler les richesses de sa parure, vous n'avez qu'à le regarder et lui donner quelques louanges. Dites-lui qu'il est beau et vous le verrez aussitôt déployer son magnifique éventail et se montrer de face ou de profil, par devant et par derrière, car il est très fier de sa beauté.

Cet oiseau, qu'on ne peut s'empêcher d'admirer, n'inspire cependant aucune sympathie à cause de son insupportable vanité.

On dit qu'il ne regarde jamais à terre pour ne pas voir ses pattes qui sont laides et grossières ; on dit aussi que lorsqu'il a perdu ses plumes il va se cacher dans un coin pour se soustraire à tous les regards, tant il est humilié de paraître en cet état.

Ces détails suffisent pour vous démontrer qu'à défaut d'esprit, ce personnage ne manque pas de suffisance.

Certes, la beauté n'est pas à dédaigner ; mais quand on n'a que cela pour tout mérite, on n'est qu'une bête curieuse, rien de plus, et c'est vraiment un triste rôle.

Les enfants aimables, dociles et prévenants, fussent-ils laids, sont beaucoup plus recherchés que les enfants maussades et volontaires, fussent-ils beaux comme le jour.

D'ailleurs, aucun enfant n'est laid aux yeux de sa maman, et ceux qui sont gentils ne sont laids aux yeux de personne.

La bonté passe avant la beauté.

L'ANE

> Hue! ho, ma bourrique!
> Détale ou gare la trique :
> N'allons pas rester en plan.
> Hi, han! Hi, han!

Tais-toi mon pauvre baudet, qui t'oblige à prendre la parole et pourquoi te faire entendre au loin? Tu n'es pas musicien, sache-le, et c'est ta malencontreuse voix qui fait ton malheur.

Aussitôt que tu commences à braire, les gens se mettent à rire, se bouchent les oreilles et se moquent de toi.

Parce que tu ne sais pas chanter, ces gens s'imaginent que tu ne sais rien faire et que tu n'es qu'un sot. Ils ont fait de toi l'emblème de la stupidité, et ton nom est devenu une injure. Les avanies dont tu es l'objet n'ont d'autre cause que tes désagréables chansons : renonce à la musique, cher grison.

Les personnes intelligentes rendent hommage à tes mérites et savent que les méchants qui te maltraitent n'ont pas le quart de tes qualités.

Ces méchants sauraient-ils comme toi supporter le chaud, le froid, le vent, la pluie sans murmurer? Travailleraient-ils avec autant de courage? Pourraient-ils se contenter de quelques croûtes de pain pour toute nourriture, comme tu te contentes de quelques chardons ? Montreraient-ils autant de calme, de patience et de résignation ? Lorsque, montés sur ton dos, ils gravissent une montagne, ils tremblent de tomber dans le précipice ; toi, qui n'as peur de rien, tu braves le danger sans frayeur. Si tu étais moins bon, tu pourrais te moquer d'eux à ton tour ; mais l'idée ne t'en vient pas : oubliant l'injustice, tu rends le bien pour le mal.

Tu transportes les sacs de farine du meunier, les légumes du maraîcher : tu promènes à la campagne les petits garçons et les petites filles, et jamais tu ne les jettes par terre.

Tu es vraiment le modèle des serviteurs, maître aliboron, mais, il faut le reconnaître, tu ne sais pas chanter.

Console-toi. Nul n'est parfait en ce monde.

Si tu renonçais au solfège, tu n'aurais plus aucun défaut et ce serait humiliant pour ceux qui te dédaignent.

LA POULE ET LE COQ

Ah ! les poltronnes ! Pourquoi vous sauver ainsi ?

Est-il donc si terrible le bruit du fouet que ce charretier fait claquer en passant sur la route ? N'est-ce point ridicule de jeter les hauts cris pour si peu de chose ?

Croirait-on que ces mêmes poules qui s'épouvantent de rien deviennent intrépides jusqu'à la témérité lorsqu'il s'agit de défendre leurs poussins ?

On a vu des mères poules se battre contre des faucons ou se précipiter à la tête de gros chiens qui voulaient s'emparer de leurs petits. Par malheur, ce grand courage les abandonne lorsque leurs enfants sont assez agiles pour se mettre à l'abri.

Si les poules ne sont vaillantes qu'à certains moments, le coq, leur seigneur et maître, est brave en tous temps et l'on doit se garder de lui marcher sur la patte, car il ne recule pas devant la bataille.

Si le coq était aussi fort qu'il est courageux, il serait le roi des oiseaux : l'aigle lui a volé la couronne.

L'aigle est très robuste ; il possède un bec crochu propre à déchirer les chairs, des griffes qui peuvent serrer comme des tenailles et des ailes puissantes qui lui permettent de s'élever dans le haut des airs. Eh bien, malgré ces avantages, il fuit devant le danger et ne montre d'audace que pour attaquer des animaux sans défense, qu'il tue et qu'il mange.

Le coq n'est pas armé de la sorte et cependant il ne se sauve pas devant le péril. Il n'est pas forcé de livrer bataille pour satisfaire sa faim : il se bat pour la gloire. D'ailleurs il n'est pas gourmand ; lorsqu'il découvre un bon morceau, il appelle ses poules et le partage avec elles. Le coq est ennemi de la paresse et ne demeure jamais en repos.

Levé avant le soleil, il sonne la diane, et son bruyant cocorico, pareil au clairon, est le joyeux réveille-matin de la ferme.

A son appel, chacun se met à l'ouvrage et le laboureur va ensemencer la terre ou faucher l'herbe des prés.

Enlevons la couronne royale à l'aigle qui n'a pour lui que la force brutale, et posons-la sur la tête du valeureux petit coq qui défendra ses sujets au lieu de les manger.

LA CHÈVRE

Bée ! Bée ! voici la vache du pauvre.

C'est le nom qu'en Irlande on donne à la chèvre. Dans ce pays montagneux les pâturages sont rares et les gens riches peuvent seuls élever du bétail.

La chèvre, qui aime à gravir les rochers et qui se plaît sur les hauteurs, va chercher sa pâture dans les endroits qu'une vache ne saurait atteindre. Sa nourriture ne coûte donc rien à son maître. C'est pourquoi les paysans d'Irlande aiment les chèvres qui leur procurent sans frais un lait abondant et savoureux.

La chèvre est une commère indépendante et capricieuse. Elle ne veut pas être contrainte et entend grimper à sa fantaisie. Cela ne l'empêche pas de s'attacher au toit qui l'abrite et aux personnes qui la soignent.

Elle adore les petits enfants et se fait volontiers la nourrice des nouveau-nés.

Quand elle remplit cette tâche, elle cesse d'être capricieuse et demeure au logis.

Aussitôt que le bébé pleure, elle accourt lui présenter ses mamelles, et tandis que le petit goulu se régale, elle reste immobile et ne témoigne aucune impatience. Pour un animal aussi pétulant c'est montrer beaucoup de vertu.

La chèvre ne donne pas seulement que son lait, elle donne aussi le duvet soyeux qui se trouve sous sa longue toison.

Avec ce duvet, que l'on file, on fabrique de jolis châles, des étoffes chaudes et légères dans lesquelles on taille des robes à l'usage des dames et des demoiselles.

Quand la chèvre a cessé de vivre, elle nous abandonne sa peau dont nous tirons grand profit.

Nous en faisons les plus beaux gants du monde et les plus jolis souliers qui se puissent voir ; nous en faisons aussi des sacs de voyage, des portefeuilles pour ranger nos papiers et des porte-monnaie pour serrer notre argent.

Mais à quoi bon vous faire l'éloge de ces bonnes bêtes ; vous les connaissez aussi bien que nous, chers amis.

N'est-ce point les chèvres qui, attelées à des voitures, promènent dans les jardins publics les petits garçons et les petites filles ?

Ce plaisir que les chèvres vous procurent si gentiment et qui les fatigue, leur donne droit à votre reconnaissance.

LE DINDON

Glou ! Glou ! Glou ! celui-là n'est bon qu'à manger.

Son plus grand mérite est d'être bourré de truffes et rôti à point.

Le dindon nous vient des forêts de l'Amérique septentrionale.

Mais, allez-vous dire, pourquoi l'appelle-t-on coq d'Inde ?

L'Inde est en Asie et non pas en Amérique et des milliers de lieues séparent ces deux pays.

Il faut vous expliquer cette fausse dénomination.

Lorsque Christophe Colomb découvrit l'Amérique, en 1492, il s'imagina qu'il était sur une des côtes de l'Inde et donna le nom d'Indes occidentales au Nouveau-Monde pour le distinguer des Indes orientales, depuis longtemps connues.

Bien que l'erreur ait été bien vite constatée, le nom primitif subsista pendant fort longtemps, et ce n'est guère qu'au siècle dernier qu'on cessa d'en faire usage et qu'on prit l'habitude d'appeler l'Amérique de son véritable nom.

C'est donc par suite de cette erreur que le Dindon porte le nom de coq d'Inde, et il est probable qu'il le portera toujours. On devrait l'appeler coq du Mexique, coq du Guatémala ou coq de Honduras, car il vit principalement dans ces trois contrées à l'état sauvage.

Il est recherché pour sa chair qui est excellente ; mais les chasseurs n'en auraient pas connu le goût s'ils avaient persisté à le poursuivre dans les broussailles, tellement cet oiseau sait bien s'y cacher.

Les chasseurs remarquèrent que le Dindon, si méfiant quand il est à terre, devient comme sourd et aveugle lorsqu'il est perché. Son sommeil est si lourd, si profond, que le bruit du fusil ne le réveille pas. Grâce à cette particularité, les chasseurs purent tirer à coup sûr et se procurer en abondance ce gibier savoureux qui, dans le pays, dépasse souvent vingt kilogrammes.

Ces oiseaux ont le vol pesant et ne cherchent pas à s'éloigner de leurs lieux de naissance ; c'est pourquoi on ne les rencontre que rarement dans les autres régions américaines ; encore ceux qu'on y voit ont-ils été importés.

Le Dindon fut importé en Europe vers le milieu du quinzième siècle.

Il s'est si bien acclimaté dans nos régions qu'on l'élève par troupes nombreuses dans certaines de nos provinces.

On conduit paître les dindons dans les champs comme on conduit paître les oies ; mais leur docilité laisse à désirer et le mâle s'abandonne souvent à la colère.

LE CHIEN

Connaissez-vous un meilleur animal que le chien ? Pour moi je n'en connais pas.

Les petites filles lui préfèrent le chat parce que le chat a des manières distinguées, qu'il n'avance qu'avec circonspection, qu'il a des attitudes gracieuses et que, délicat sur le choix de la nourriture, il ne mange que du bout des dents.

Le chien est tout le contraire.

Il a des manières communes, il est brusque dans ses mouvements et ses caresses sont parfois brutales ; il mange comme il agit, c'est-à-dire franchement, à bouche que veux-tu et sans y regarder de trop près.

Ces deux bêtes, qui vivent dans notre intimité, diffèrent encore plus par les sentiments.

Le chat n'a que des qualités extérieures : c'est un hypocrite.

Il séduit par l'élégance de ses formes et par sa douceur apparente : au fond, c'est un assez vilain sire qui rapporte tout à lui et qui n'a d'affection que pour sa personne. Il n'aime pas ses maîtres et n'est point attaché aux enfants de la maison. Si par ses minauderies il cherche à plaire, c'est pour obtenir de plus friands morceaux. Il n'obéit qu'à ses caprices. Lorsqu'on le taquine, il se fâche, devient farouche, joue de la patte et conserve une rancune éternelle à qui lui fait du mal.

Le chien n'a rien de caché : c'est la loyauté même.

Il adore ses maîtres et chérit les enfants du logis ; il les caresse et supporte leurs taquineries ; quand on lui fait du mal, loin de vous en vouloir, il vient demander pardon. Il vous aime pour vous-mêmes et sans y être poussé par l'intérêt. Toujours prêt à vous obéir, il n'attend que vos ordres pour jouer ou pour vous accompagner. Si quelque méchant homme voulait vous maltraiter, le chien prendrait votre défense ; si par malheur vous tombiez dans la rivière, il se précipiterait dans l'eau pour vous sauver.

Ah ! mesdemoiselles qui aimez tant votre minette, faites semblant de pleurer et vous verrez si votre chat viendra vous lécher les mains et essayer de vous consoler, comme ne manquerait pas de le faire votre toutou, si vous en avez un.

Demandez à votre minette de veiller sur vous et d'empêcher les malfaiteurs de pénétrer dans votre domicile.

Le chien est le meilleur ami des hommes ; aussi les enfants doivent-ils le traiter avec douceur.

A NOS JEUNES AMIS

Quel bonheur de savoir lire !

Lorsqu'on sait lire, on n'a plus besoin de se faire expliquer ce qui est imprimé au bas des images; on peut, sans le secours de personne, apprendre des millions d'historiettes plus amusantes les unes que les autres : que ne peut-on pas ?

Justement nous avons fait à votre intention et à l'usage des petits garçons et des petites filles, une foule de jolis albums remplis d'images coloriées et qui renferment des historiettes fort intéressantes.

Pour les tout petits, nous avons une collection très nombreuse de mignons albums dont les plus remarquables sont : *Bébé apprend l'A B C ; Éducation de bebé ; Contes à bebé ; Pour lire aux bebés ; Les amis de Jeanne ; Bébé saura compter ; Rita, Médor et Cie ;* etc., etc.

A ceux de nos jeunes lecteurs qui sont un peu plus grands, nous offrons une série d'albums contenant de plus longues histoires et de fort beaux dessins ; dans cette série, ils pourront lire : *Les jours aimés de l'enfance; La ruche enfantine ; Au pays des fées ; Le monde à quatre pattes; Gros toutous et petits minets; Robinson Crusoé; Fables de La Fontaine en images ; La grande ménagerie en images ; Fables de Florian en images*; etc., etc.

Nous avons encore d'autres albums et par centaines, parmi lesquels se trouvent : *Les petits artistes ; La ferme de maman Rosine; Le rêve de Paulette ; Les petites aventures;* etc., etc.

A ceux de nos jeunes amis qui ne déchirent plus les pages, nous proposons de grands et superbes albums cartonnés où sont consignés : *Les* aventures de Barbichon, le roi des caniches; Les espiègleries de Toto Carabi ; Un ménage de poupées ; Beaux jours et fêtes ; Les petits enfants chez les gros animaux ; En vacances chez grand bon papa ; etc., etc.

Nos lecteurs qui sont déjà de petits hommes et de petites femmes auront en partage, non plus des albums, mais bien toute une bibliothèque de véritables livres illustrés qui sont à la fois instructifs et amusants. Qu'ils choisissent dans ce nombre les volumes ayant pour titre : *Un héros de treize ans; Petites histoires de mon grand-père ; Pour les grands et pour les petits enfants; Deux petits touristes en Algérie ; Le journal d'Yvonne; Les aventures de deux mousses; Les mémoires d'un perroquet;* etc., et vingt autres livres du même genre.

Ces ouvrages, à l'usage des deux sexes, sont propres à développer les qualités du cœur et de l'esprit et à vous rendre encore plus parfaits, chers amis.

www.ingramcontent.com/pod-product-compliance
Lightning Source LLC
Chambersburg PA
CBHW060914050426
42453CB00010B/1709